Edit du Roy du mois de Janvier 1632.
Portant Creation d'officiers en la
Chambre des Comptes de Normandie

LOVIS PAR LA
GRACE DE DIEV
Roy de France et
de Navarre, A tous pre-
sens & aduenir Salut.
Pour supporter les excef-
siues despences necessai-
res pour dompter la re-
bellion de plusieurs villes
de nostre Royaume,
pour deliurer les alliez
de ceste Couronne, de
l'iniuste oppression qu'ils
souffroient, pour l'ambi-

A

tion defmefurée de quel-
ques Princes nos voy-
fins, coniurez contre ce-
fte Monarchie : Novs
aurions efté forcez à en-
gager non feulement les
plus grãdes & meilleures
portions de noftre Do-
maine & des droicts fur
nos tailles, mais auffi à
conftituer fur nos Gabel-
les & Aydes, des rentes
en tel nombre qu'il ne
nous refte que fort peu
de fonds de toutes ces na-
tures pour l'entretene-
ment de noftre maifon

Royalle, & eſtans enco-
res contrains de mettre
ſur pied vne puiſſante ar-
mée pour nous oppoſer
fortement aux perni-
cieux deſſeins des enne-
mis de cet Eſtat, & ga-
rantir nos bons & fidels
ſubjects des incurſions,
iniures & ruynes dont ils
ſe voyent à toute heure
menacez : Pour ſouſtenir
les nouuelles deſpences,
Novs ne pouuons re-
courir à des moyens plus
conuenables en ceſte ſai-
ſon, où nos peuples ſont

languissans, qu'en l'aug-
mentation & accroisse-
ment de quelque nõbre
d'Officiers en nos Cours
souueraines, entre les-
quelles nostre Chambre
des Comptes de Rouen,
ayant desiré de prendre
exemple à ce qui est fait
pour celle de Paris, No⁹
attendons aussi de son
affection & fidelité ac-
coustumée, vn prompt
& fauorable secours en
ceste presente & pressan-
te necessité. Pour ce est
il que mettant cet affaire

en deliberation en noftre
Confeil, Sçauoir faifons
que par cetuy noftre pre-
fent Edict perpetuel &
irreuocable, Novs auons
creé, erigé & eftably, &
de noftre certaine fcien-
ce, plaine puiffance &
authorité royalle, créõs,
erigeons, & eftabliffons,
accroiffons & augmen-
tons au corps de noftre
Chambre des Comptes
de Normandie, en tiltre
d'Office formé, outre le
nombre d'Officiers qui y
font à prefent, Deux
A iij

Maiſtres des Comptes,
vn Correcteur, deux
Auditeurs, & vn Huiſ-
ſier, pour deſdits Offices
preſentemét creez, iouir
& vſer par ceux qui en ſe-
ront par nous pourueuz,
aux meſmes honneurs,
authoritez, priuileges,
preeminences, franchi-
ſes, gaiges, & gros droits,
à ſçauoir, Treize cens
cinquante ſept liures dix
ſols pour chacun Mai-
ſtre; Mil ſoixante vnze
liures   ſols pour le
Correcteur; Huict cens

vingt-deux liures dix fols
pour chacun Auditeur,
& Cent liures pour ledit
Huiſſier, & autres me-
nus droicts, tels & fem-
blables que les ont& per-
çoiuent les autres Offi-
ciers de noſtredite Chã-
bre de pareille qualité,
fans aucune diſtinction
ny feparation, & eſtre
leſdits Officiers ainſi
creez, diſtribuez, & de-
partis par noſtred. Chã-
bre, pour y feruir comme
les autres Officiers d'icel·
le, ainſi que par elle fera

aduisé : lesquels gaiges &
droicts, Novs voulons à
cet effect estre accreuz,
& laissez en fonds dans
les Estats arrestez en nostre Conseil pour l'adue-
nir, à commencer en la
presente année, comme
aussi les menuës necessi-
tez d'icelle Chambre à la
proportiõ accoustumée,
& pareillement les espi-
ces appartenants aus-
dits Officiers presente-
ment creés, lesquelles seront augmentées & esga-
lées tant par lesdits Estats

qui seront arrestez en noftre Confeil, pour toutes
nos receptes generalles
& particulieres, trefore-
ries, commiffions, fer-
mes & autres charges,
payables à mefure que
les Comptes en feront
rendus en noftredite
Chambre, comme il a
efté cy deuant fait en sé-
blables occafions, A la-
quelle noftredite Cham-
bre nous auons donné
pouuoir de ce faire. Man-
dant & ordonnant aux
Treforiers generaux de

B

France, & autres auf-
quels nofdits gens des
Comptes enuoyeront
leurfdites expeditions
pour lefdites augmenta-
tions d'efpices , icelles
coucher & employer és
eftats qui feront par eux
dreffez , aux receueurs
& comptables de leurs
charges ; & à ladite
Chambre les paffer &
allouër és comptes qui
feront rendus en icelle
fans aucune difficulté. Et
d'autant que nous reco-
gnoiffons affez que ledit

nombre d'officiers par
nous presentemét créez,
n'est aucunement necef-
faire, ains qu'il apportera
de la surcharge à nos af-
faires & finances , ayans
esté contraincts de re-
courir à ce moyen pour
estre promptement fe-
courus en la necessité de
nos affaires, Nous vou-
lons & entendons que
vacation aduenant par
mort desdits offices de
Maistres , Correcteur,
Auditeurs & Huissier
presentement créez , ils

demeureront esteints &
supprimez, & iceux e-
steingnons & suppri-
mons dés à present iuf-
ques à ce qu'ils foyent
reduits au nombre porté
par les Eftats & Edicts cy
deuant faits verifiez en
noftredite Chambre,
Declarant nulles toutes
les prouifions qui en
pourroyent eftre obte-
nuës, lefquelles nous
n'entendons auoir aucun
effect. Si DONNONS en
mandement à nos amez
& feaux Confeillers les

gens de nos Comptes à Roüen, que le prefent Edict ils ayent à faire regiftrer, & du contenu ioüir & vfer ceux qui feront pourueuz defdits Offices, purement & fimplement, nonobftant toutes chofes à ce contraires : CAR tel eft noftre plaifir. En tefmoin dequoy nous auons fait mettre noftre fcel à cefdites prefentes. DONNE à Mets au mois de Ianuier, l'an de grace Mil fix cens trente deux. Et

de nostre regne le vingt-
deuxiesme. Signé Lovis.
Et plus bas, Par le Roy,
Phelypeaus. Et scellé du
grand seau de cire verte.
Et au dessous est escrit,
Collation faicte par moy
Conseiller & Secretaire
du Roy & des Finances.
Signé ROVILLE'.

Collationné par Moy Conseiller
& Secretaire du Roy.